Lino Cominotti

Il Santuario
"Madonna delle Croci"
di Gerolanuova

Lino Cominotti
Il Santuario Madonna delle croci di Gerolanuova
ISBN 978-88-98993-17-8
Angolazioni Editore
Via Cicognini, 22 - 25034 Orzinuovi (BS)
Sede operativa:
Via Cicognini, 24 - 25034 Orzinuovi (BS)
www.angolazioni.it - libri@angolazioni.it
©2016 Angolazioni.

Fotografie: ©Angolazioni
Elaborazione grafica: ©Angolazioni

Sono grato a Don Giuseppe Montini, parroco di Gerola, e ai suoi Collaboratori di avermi offerto l'opportunità di raccogliere queste modeste note sulla "chiesina" della Madonna, nella quale, in gioventù, mi sono recato tante volte a pregare fiducioso la Mamma del Cielo

L.C.

ANNO MARIANO 1987-88

IL SANTUARIO DELLA "MADONNA DELLE CROCI" TRA STORIA E LEGGENDA

Non si conoscono, e forse non sono mai esistiti, documenti relativi alla costruzione del piccolo santuario, dedicato alla Madonna delle Croci, tuttora esistente in Gerolanuova.

La chiesa viene citata per la prima volta negli "Atti" della visita pastorale compiuta dal Vescovo Bollani di Brescia, il quale era seriamente impegnato a far applicare nella sua diocesi i decreti del Concilio di Trento, specialmente quelli riguardanti la preparazione e la spiritualità del clero, la cura delle chiese e dei luoghi di preghiera.

II Vescovo Bollani non riportò affatto buona impressione della chiesetta nella visita, tanto che la paragonò ad una "sala" qualunque, piuttosto che ad un "oratorio" cioè a un luogo di preghiera (il termine "oratorio" deriva dal verbo latino "orare", che significa pregare.

La chiesetta, infatti, si trovava in stato di pressoché totale abbandono ed era divenuta ormai fatiscente.

La cosa non deve affatto meravigliare se ci si riporta alle abitudini di quei tempi, certamente non migliori dei nostri, e se si pensa che i parroci di Gerola. di quell'epoca, godevano del beneficio parrocchiale, ma non risiedevano in parrocchia e affidavano il servizio religioso a vicari (i curati) non sempre preparati al loro compito. Questi venivano pagati in qualche modo dal parroco stesso e, per sbarcare il lunario, ricorrevano tante volte ad espedienti non sempre corretti.

All'epoca della visita pastorale del Vescovo Bollani era parroco di Gerola il nobile bresciano Alessandro Duranti, nipote del parroco precedente, il Cardinal Durante Duranti, che lasciò la parrocchia di Gerola, perchè eletto Vescovo di Brescia.

Il Vescovo Bollani, succeduto al Cardinal Duranti, con una severa "Bolla" (lettera), datata 26 novembre

1567 richiama il parroco Alessandro Duranti, in nome
della sua coscienza e delle disposizioni del Concilio di
Trento, a risiedere in parrocchia, a Gerola, pena la
privazione del lauto beneficio parrocchiale[1].

Questo quanto sappiamo di certo dai documenti
storici. Secondo una leggenda, gelosamente custodita
e tramandala di generazione in generazione, e tuttora
viva nella gente di Gerola, il piccolo santuario sarebbe
stato costruito nella prima metà del 1400, in un vigneto, all'estrema periferia del paese a seguito dell'appari-
zione della Madonna al proprietario del vigneto stesso, il quale, dalla Vergine Viaria, sarebbe stato guarito
da una dolorosa malattia, che da molto tempo lo af-
fliggeva.

Da chi sia partita l'iniziativa della costruzione del
piccolo santuario, se dalla popolazione o dal miracolato, non è dato assolutamente di sapere.

Una cosa è certa: il piccolo santuario è stato dedicato alla Madonna la cui immagine è stata dipinta, da

---

[1] Cfr. P. Guerrini – Gerolanuova - Pavia 1912 - pag. 47

mano ignota, su una parete della chiesa stessa.

Nei documenti ufficiali esistenti, il santuario è sempre denominato "Madonna delle Croci", a causa delle crocette che tempestano l'abito della Vergine.

Ma quelle croci non possono anche ricordare le sofferenze e i dolori del vignaiolo miracolato?

Nella leggenda, lo stesso santuario viene anche chiamato "Madonna della vite" per via del vigneto e dei tralci istoriati sulle colonne che fanno da cornice alla immagine della Vergine nella chiesetta attuale, ricostruita sulla precedente.

Come si vede, storia e leggenda si intersecano e non è affatto possibile segnare tra le due una netta e sicura linea di demarcazione.

Ma torniamo ai frammenti di storia documentata.

La popolazione di Gerola, scossa dal severo richiamo del Vescovo Bollani, decise di ricostruire l'oratorio mariano.

Nel frattempo era cambiato il parroco.

Essendo morto nel 1595 il nobile Alessandro Duranti la parrocchia di Gerola rimase ufficialmente vacante.

Con Bolla del Papa Clemente VIII, datata 24 gennaio 1596[2] fu eletto parroco Don Girolamo Pedrali di Salò, il quale prese possesso della parrocchia nell'ottobre dello stesso anno.

Del nuovo parroco non si sa molto. Si presume, tuttavia, e non infondatamente, che a seguito del nuovo clima che si andava instaurando nella chiesa, il neoeletto si sia interessato di più alla parrocchia e che sia stato più ossequiente alle raccomandazioni del Vescovo Bollani, relative alla residenza del parroco e alla cura dei luoghi di preghiera, compresa la chiesetta dedicala alla Madonna.

Sta di fatto che nel 1616 era già ultimato il nuovo santuario, che è l'attuale, sempre dedicato alla Madonna delle Croci.

---

[2] Ivi. pag, 32

*Affresco raffigurante la Madonna, detta delle "Croci", preesistente nella antica cappel-
la e trasportato nel nuovo Santuario in data 8 marzo 1616.*

La nuova chiesa fu costruita sulla stessa area della precedente, che venne completamente demolita. Fu costruita più ampia, sempre ad una sola navata, col tetto a carena di nave, con la facciata a capanna, rivolta verso il paese.

Fu dotata di un presbiterio (che la precedente non aveva) in stile cinquecentesco e sorretto da un ampio arco a tutto sesto, ma con decorazioni tipicamente barocche.

Sulla parete di fondo del presbiterio fu predisposta una "cornice", che non manca di una sua solennità, per incastonarvi l'affresco della Madonna, tolto con cura dalla parete della vecchia chiesetta e diligentemente custodito durante la costruzione del nuovo tempietto.

La cornice è costituita da due colonne terminanti in capitelli corinzi, che reggono una architrave triangolare, pure di stile classico.

Le colonne sono decorate con tralci di vite (da questo fatto deriva la denominazione "Madonna della vite" usata, anche se raramente, in alternativa a quella di "Madonna delle Croci").

A fianco della cornice campeggiano due grandi statue raffiguranti S.Rocco e S.Fermo.

Ultimata la costruzione della nuova chiesa, l'affresco raffigurante la Madonna fu collocato nella cornice appositamente predisposta sulla parete di fondo del presbiterio.

A ricordo dell'avvenimento, una mano ignota, sulla parete esterna dell'abside, in corrispondenza dell'affresco, scolpì la frase

ADI 8 MARSO

PORTADA LA MADONA IN CORO

1616

L'iscrizione si può vedere tuttora, anche se è piuttosto sbiadita, dal cortile della scuola materna.

L'affresco che rappresenta la Madonna col Bambino sulle ginocchia, non ha particolare valore artistico.

Gli esperti attribuiscono il dipinto alla prima metà del 1400 (da qui si desume, se pur approssimativamente, l'epoca della costruzione della prima chiesetta).

*　*　*

Nella mescolanza di elementi storici e leggendari l'unico fatto certo è questo: la devozione della popolazione di Gerola alla Madonna della "chiesina" risale ai tempi lontani ed è tuttora molto viva, anche se, per varie vicende storiche, in alcuni periodi può essersi affievolita.

Nella leggenda la Vergine è ricordata come "Madonna della Vite". Le colonne della cornice, intatti, sono state istoriate con tralci di vite e grappoli di uva.

LA PESTE DEL 1636 E LA CONFRATERNITA DEL SUFFRAGIO

La chiesetta "Madonna delle croci" è citata anche nel Catastico queriniano del 1610[3]. La citazione è telegrafica: "chiesa senza entrada".

Questa notizia del Catastico potrebbe legittimare la deduzione che a quella data non fossero ancora iniziati i lavori di costruzione della nuova chiesa che, come si è detto, sono stati sicuramente ultimati nel 1616 con la collocazione dell'affresco della Vergine nella abside della chiesa stessa.

E' vero che per avere entrate proprie il santuario della Madonna delle Croci dovrà attendere il 1636, anno di fondazione della Confraternita del Suffragio.

Non penso, tuttavia, che la ricostruzione della chiesetta, anche a quei tempi, abbia richiesto più di sei

---

[3] Ivi pag. 23

anni.

L'anno 1636 la popolazione di Gerola fu decimata dalla peste divenuta famosa e passata alla storia per la drammatica descrizione fattane dal Manzoni nel suo romanzo "I promessi sposi".

Molti dei morti di peste furono sepolti nel sagrato della chiesetta della Madonna delle Croci (il quale sagrato, come si è detto, era più grande dell'attuale) e sotto il pavimento della chiesetta stessa, perchè erano divenuti ormai insufficienti ad accogliere i morti di peste i cimiteri della chiesa parrocchiale di S. Raffaele e della chiesa di S. Nazzaro (l'attuale monumento ai caduti), che faceva parte dell'antico priorato, o convento dei benedettini.

Quanti siano stati i morti di peste non è dato di sapere. Certo furono molti e la popolazione deve essersi ridotta ad una piccola comunità se pensiamo che nel 1610, come si desume dal Catastico queriniano, Gerola contava "fuoghi 80 (famiglie), anime 440, de quali utili 109, senza entrada" (contadini, salariati che vivevano in parte nel castello - quelli che non avevano la possibilità di pagare l'affitto - e in parte nelle poche case che costituivano il nucleo abitato di Gerola).

Ma torniamo alla peste e a quanto ci riferisce Paolo Guerrini nel suo già più volte citato opuscolo "Gerolanuova", edito nel 1912.

"Quivi (presso la chiesa della Madonna delle Croci) nell'anno 1636, poco dopo la famosa peste detta del Manzoni, il cappellano Don Lauro Cagna di Gabiano, diede vita ad una Confraternita del Suffragio[4], della quale fu eletto priore; questa confraternita cooperò a dotare la devota chiesetta di vari legati pii[5] con fondi e censi livellari[6], che vennero alienati a prezzo infimo nel 1770 e 1771 da un certo Giovanni Galeassi, agen-

---

[4] Le confraternite sono associazioni di laici che perseguono scopi di pietà, di culto o di beneficenza. Differiscono da quelle monastiche perchè i soci, o fratelli, non sono tenuti a far vita comune e a emettere i voti tradizionali, di povertà, di castità e di obbedienza. Il capo della confraternita è detto "priore" ed è un laico. Le confraternite laiche, ai giorni nostri, sono quasi del tutto scomparse.

[5] Legato pio: destinazione di beni patrimoniali o di somme di denaro, da parte di fedeli, per la celebrazione di sante messe in suffragio della propria anima (dopo la morte, ovviamente).

[6] Censo: tributo imposto ai cittadini - fedeli in ragione del patrimonio posseduto, in favore della chiesa. Nel caso della Madonna delle Croci il censo livellario fu imposto ai "fratelli" appartenenti alla Confraternita del Suffragio. I censi furono eliminati dalla Rivoluzione francese e dalle Costituzioni che ad essa si ispirano. Evidentemente il nostro Galeassi non attese la Rivoluzione francese per alienare i fondi, i censi e i legati pii della chiesina della Madonna delle Croci.

te del conte Negroboni; per un delitto ignoto, al quale forse non era estraneo questo abuso di autorità, il Galeassi fu allontanato da Gerola ed esiliato anche dallo stato della Repubblica Veneta".

Alienati i legati, i fondi e i censi ad opera del citato Galeassi, iniziò un lungo periodo di decadenza per la Chiesa della Madonna delle Croci, anche perchè nel 1776 fu posta la prima pietra per la costruzione dell'attuale chiesa parrocchiale di S. Raffaele.

Gli sforzi finanziari del parroco Don Giuseppe Migliorati, del Conte Negroboni, grande benefattore, e della popolazione erano tutti convogliati verso la nuova fabbrica.

La chiesina della Madonna fu dimenticata e col tempo finì per essere chiusa al culto per il degrado cui era giunta.

Il presbiterio, sormontato da un arco a tutto sesto, è in stile cinquecentesco, come la cornice nella quale è stato racchiuso l'affresco raffigurante la Madonna. Le decorazioni, invece, sono in stile barocco.

TENTATIVO DI ALIENAZIONE

Nel 1899 venne inviato a Gerola come vicario parrocchiale (curato) Don Carlo Rodella, che sarà nominato poi parroco nel 1902 alla morte di Don Giovanni Alberti, "uomo di molta dottrina e studiosissimo, ma di poca pratica amministrativa, onde trascurò i fondi e le case coloniche della prebenda", come lo definisce P. Guerrini nel suo opuscolo su Gerolanuova, e, per di più, ammalato da molti anni.

Per il suo temperamento, alieno da interessi materiali e per la sua situazione di salute, il vecchio parroco non si rese conto che alcuni faccendieri stavano trattando la vendita del santuario della Madonna delle Croci per trasformarlo in magazzino.

Venne a conoscenza delle trattative segrete, giunte ormai alla fase finale, il giovane curato Don Rodella, che intervenne con decisione e tempestività, pur non avendo l'autorità del parroco, mandando all'aria l'affare che era ormai, si può dire, cosa fatta.

Il santuario della Madonna fu cosi salvato da un destino che avrebbe sicuramente recato vergogna e offesa al sentimento e alla devozione della popolazione di Gerola.

Il gesto coraggioso del curato fu molto apprezzato dalla gente che rispose, di conseguenza, con prontezza e con generosità all'appello per la raccolta dei fondi necessari al ripristino del santuario.

Divenuto parroco, Don Rodella, che era devotissimo alla Madonna, alla Madonna delle Croci in particolare per aver salvato la chiesa a Lei dedicata, ripristinò anche il culto nel piccolo santuario.

In tutte le festività dedicate alla Madonna, infatti, la S. Messa, in forma più o meno solenne, veniva celebrata al santuario delle Croci.

Le funzioni di propiziazione o di ringraziamento che si tenevano alla "chiesina" (come familiarmente veniva chiamato dalla gente il santuario) non si contavano nel corso dell'anno liturgico.

La devozione del parroco, come era naturale, si trasmise ai fedeli di Gerola, i quali in ogni circostanza, particolarmente nei momenti di sofferenza e di dolore, si mettevano sotto la protezione della Madonna delle Croci.

Nel 1913, dopo la costruzione dell'asilo infantile, attiguo al santuario (ad opera della famiglia Feltrinelli), e con l'arrivo delle suore, la cura e la manutenzione della Madonna delle Croci fu affidata da prima alle Ancelle della Carità e successivamente alle Orsoline di Maria Immacolata di Verona.

Il santuario, per tutto il periodo di permanenza delle Orsoline, conobbe tempi d'oro ed era divenuto veramente il cuore della pietà e della religiosità della gente di Gerola.

Venne dotato di nuove suppellettili sacre, di paramenti per le varie celebrazioni liturgiche, di un nuovo tabernacolo e furono sostituiti i vecchi banchi ormai corrosi e danneggiati irrimediabilmente dal tarlo.

Tutto questo fu fatto senza attingere al bilancio della parrocchia, ma con le generose offerte dei devoti e per le iniziative delle suore che avevano in cura e in custodia il piccolo santuario.

A questo riguardo è doveroso ricordare i nomi delle indimenticabili suor Diomira, suor Graziana, suor Orsola, suor Luigia, tutte ancora nel cuore dei gerolesi che le hanno conosciute, non solo per la cura che ebbero per la chiesina della Madonna, ma anche per tutto il bene da loro operato a Gerola nell'asilo, nell'oratorio femminile, nelle famiglie, pur senza aver mai messo piede in una sola casa del paese, perchè vietato dalla regola della loro congregazione.

Questo non vuol essere uno sterile e nostalgico ricordo di persone care, ma è "Storia", autentica storia, da non dimenticare e da tramandare come lezione di vita.

Nel 1922 tutto l'interno del santuario fu dipinto e affrescato nella forma attuale, con le offerte raccolte tra i combattenti della grande guerra 1915-1918, ritornati incolumi dal fronte.

Il parroco Don Carlo Rodella, come lui stesso scrive nella interessante cronistoria[7] del suo lungo parrocchiato (1902 - 1948), aveva affidato i combattenti alla protezione della Madonna delle Croci e, periodicamente, nel santuario venivano indette, "con grande concorso di fedeli", pubbliche funzioni propiziatrici per i giovani in guerra.

"I reduci incolumi", come si legge in una scritta sulla parete di fondo del santuario, vollero testimoniare la loro riconoscenza alla Madonna, facendo abbellire la "chiesina" a Lei dedicata.

---

[7] Don Carlo Rodella: Cronistoria di Gerolanuova - Manoscritto conservato nell'Archivio parrocchiale.

1954: ANNO MARIANO

L'anno 1954, ricorrendo il primo centenario della definizione del dogma dell'Immacolata Concezione di Maria Vergine, fu proclamato, dal Papa Pio XII, Anno Mariano.

In tutte le parrocchie si tennero celebrazioni particolari in onore della Madonna, specialmente nei santuari a Lei dedicati.

Era parroco di Gerola, a quell'epoca, Don Sigfrido Averoldi, che, come il suo predecessore, di cui era stato, peraltro, vicario cooperatore per dieci anni, era molto devoto alla Vergine Santissima.

Il santuario della Madonna delle Croci, a causa del cedimento del terreno in lato nord, dovette essere chiuso per riparazioni e restauri.

Fu necessario apportare rinforzi alla parete nord, che stava per cadere, e rifare gran parte del tetto che, in concomitanza al cedimento della suddetta parete, si era pericolosamente rovinato.

Tutta la popolazione di Gerola, all'appello del parroco, già si era mobilitata per la raccolta dei fondi necessari per il restauro, ma si assunse completamente l'onere del finanziamento delle opere necessarie il Co. Giacomo Feltrinelli.

Il generoso gesto è ricordato in una scritta che ancora oggi si può leggere, anche se piuttosto sbiadita, sopra la porta d'ingresso della sagrestia.

Con le offerte ormai raccolte fu acquistata una corona d'argento, laminata in oro zecchino, che fu collocata sopra il capo della Madonna.

Durante tutto il parrocchiato di Don Averoldi (1949- 1961) il santuario della Madonna delle Croci fu valorizzato con le seguenti funzioni:

- celebrazione della Santa Messa ogni sabato;
- celebrazione di tutte le festività in onore della Vergine previste dall'anno liturgico;
- celebrazione del mese di maggio per i fanciulli

e gli adolescenti (per gli adulti il "mese mariano" veniva celebrato in parrocchia in novembre, quando i contadini erano meno impegna-
ti nei lavori della campagna);

- predicazione delle giornate di ritiro destinate
  alle madri di famiglia e alle ragazze.

Le stesse consuetudini mantenne anche il parroco
Don Carlo Pagnoni (1962 - 1974). con grande soddi-
sfazione della popolazione.

Don Carlo dotò il santuario dell'attuale altare.

"INCOLUMI I REDUCI DALL'EPICA GUERRA, RICONOSCENTI A MARIA PROTEGGITRICE ABBELLITO RIDIEDERO QUESTO ORA-TORIO" Anno 1922.

NUOVI RESTAURI

Anche l'attuale parroco, Don Giuseppe Montini, ha dimostrato subito di aver attenzioni particolari per il santuario mariano tanto caro alla devozione della popolazione.

Con la collaborazione e le offerte dei fedeli, dal 1979 ad oggi (settembre 1987 - anno mariano) è stata effettuata una serie di restauri per riparare i danni provocati dal tempo e per abbellire sempre di più la chiesina della Madonna.

Sono degni di menzione:

- affrescatura di tutto il presbiterio per mettere maggiormente in risalto le decorazioni di stile barocco;
- riparazione dell'affresco raffigurante la Vergine nelle parti danneggiate dai chiodi ai quali venivano appesi oggetti in oro, donati alla

chiesa in segno di riconoscenza, per grazie ricevute (bene ha fatto Don Giuseppe a proteggere l'affresco con una sicura custodia di vetro);

- radicale rifacimento del piccolo sagrato antistante la chiesa;
- rifacimento di tutti gli intonaci esterni del santuario.

Il campanile costruito nel 1600.

ALCUNE PROPOSTE

Non posso non chiudere queste brevi note sul santuario con un invito ai generosi amici di Gerola.

Molto è stato fatto per la Chiesina (non sarebbe così ben conservata senza la generosità dei gerolesi!), ma restano ancora due interventi importanti da fare, col tempo, naturalmente: il pavimento e la sacrestia.

Il pavimento attuale è piuttosto sconnesso e non si addice affatto allo stile della chiesa.

Quando si sostituirà (perchè sono sicuro che anche quest'opera verrà realizzata) sarà opportuno rimettere il cotto come era in origine.

Può darsi che il pavimento originale si trovi ancora sotto l'attuale e che abbia bisogno solo di riparazioni. Nel qual caso la realizzazione sarebbe di gran lunga facilitata.

Può darsi anche (è una mia convinzione personale) che sotto il pavimento si trovino delle lapidi e delle epigrafi. Se così fosse, queste andranno diligentemente recuperate, quali documenti storici preziosi che ci potrebbero rivelare notizie che ora non conosciamo.

La sagrestia non richiede interventi eccessivamente impegnativi.

Necessita solo di una bella tinteggiatura e di arredi più confacenti e sicuri, per una dignitosa conservazione dei paramenti e dei vasi sacri.

Mentre l'opuscoletto viene affidato alla stampa, si ha notìzia che Aldo Zuppelli ha fatto dono di un nuovo altare al Santuario, in memoria della Mamma, RINA PAGANINI, che in vita ha sempre affidato le sue preoccupazioni, le le sue ansie e le sue sofferenze all'aiuto e alla protezione della Madonna della "chiesina".

INDICE